böhlau

CITOYEN UND MÄZEN

Herbert Batliner und
Salzburg

Ein Fotoessay zum
75. Geburtstag

Herausgegeben von

Wilfried Haslauer
Robert Kriechbaumer
Hubert Weinberger

Böhlau Verlag · Wien · Köln · Weimar

Gedruckt mit der Unterstützung durch
Salzburger Landes-Versicherung – Uniqa und
Salzburger Landeshypothekenbank

Die Deutsche Bibliothek – CIP-Einheitsaufnahme

Ein Titeldatensatz für diese Publikation ist
bei Der Deutschen Bibliothek erhältlich

ISBN 3-205-77216-4

© 2003 by Böhlau Verlag Ges. m. b. H. & Co. KG,
Wien · Köln · Weimar
http://www.boehlau.at

Gedruckt auf umweltfreundlichem, chlor- und säurefreiem Papier

Druck: Ferdinand Berger & Söhne, A-3580 Horn

VADUZ

Schloss Vaduz, im Dezember 2003

Herrn Fürstlichen Kommerzienrat
Senator Professor
Dr.Dr. Herbert Batliner

Sehr geehrter, lieber Kommerzienrat,

Es ist mir eine besondere Freude, Ihnen, lieber Herr Kommerzienrat, auf diesem Weg in meinem eigenen Namen wie im Namen meiner Frau zu Ihrem 75. Geburtstag von ganzem Herzen zu gratulieren und Ihnen weiterhin alles erdenklich Gute, Gesundheit und Gottes reichen Segen zu wünschen. Verbinden mit diesen Glückwünschen möchten wir unseren Dank für alles, was Sie über viele Jahre hinweg für das Land Liechtenstein innerhalb der Grenzen, aber auch weit über die Grenzen hinaus getan haben.

Mit herzlichen Grüssen

Hans-Adam II.
Fürst von Liechtenstein

Der Bundespräsident

Wien, im Dezember 2003

Sehr geehrter Herr Professor!
Lieber Freund!

Zur Vollendung Deines 75. Lebensjahres übermittle ich Dir meine herzlichsten Glückwünsche.

Es freut mich, dass Dir aus diesem schönen Anlass eine Ehrenpublikation gewidmet wird, in der die vielfältigen Verdienste, die Du Dir um Österreich vor allem auf kulturellem und wissenschaftlichem Gebiet erworben hast, gebührend gewürdigt werden.

Du bist einer der großen Förderer der Salzburger und der Bregenzer Festspiele, hast Dich tatkräftig für die Renovierung der Dome in Innsbruck und Salzburg engagiert und ein renommiertes Europainstitut in Salzburg gegründet, das Deinen Namen trägt. Deinem großzügigen Mäzenatentum ist es auch zu danken, dass Bilder bedeutender Künstler der Modernen Malerei in österreichischen Museen zu sehen sind.

Namens der Republik Österreich aber auch ganz persönlich danke ich Dir für diese vielfältigen, segensreichen Aktivitäten, die entscheidend dazu beitragen, das kulturelle Erbe Österreichs zu erhalten und zu pflegen sowie vielfältige und interessante Zugänge zu den schöpferischen Leistungen der Modernen Kunst eröffnen.

Mögen Dir auch in den kommenden Jahren gute Gesundheit, persönliches Wohlergehen, dynamische Schaffenskraft und viel Lebensfreude beschieden sein.

In herzlicher Verbundenheit

Dein Thomas Klestil

Herrn
Fürstlichen Kommerzienrat
Senator h.c. Professor DDr.Herbert Batliner
Vaduz

6

LANDESHAUPTMANN
DR. FRANZ SCHAUSBERGER

Salzburg, im Dezember 2003

Herrn
Fürstl. Kommerzienrat
Senator Professor DDr. Herbert Batliner

Lieber Herbert!

Es ist mir eine große Freude und Ehre, Dir zum 75. Geburtstagsjubiläum sehr herzlich zu gratulieren und die gebührende Reverenz zu erweisen.

Zu Deinem Ehrentag danke ich Dir für Deine große Verbundenheit zu unserem schönen Salzburger Land und ganz besonders für Dein großzügiges Mäzenatentum und Deine Unterstützung für viele kulturelle, kirchliche, wissenschaftliche sowie gesellschaftliche Einrichtungen und Institutionen in Salzburg.

Ich wünsche Dir für die Zukunft von ganzem Herzen beste Gesundheit, Zufriedenheit, Glück und Wohlergehen.

In herzlicher Verbundenheit

Dein Fritz Schausberger

Inhaltsverzeichnis

Vorwort

In seinen „Vorlesungen zur Rechtsphilosophie" bemerkte Hegel unter Bezugnahme auf die Französische Revolution, die „bürgerliche Gesellschaft" habe zu „ihrer Grundlage, ihrem Ausgangspunkt das besondere Interesse der Individuen. Die Franzosen machen einen Unterschied zwischen *bourgeois* und *citoyen:* das erste ist das Verhältnis der Individuen in einer Gemeinde, in Rücksicht der Befriedigung seiner Bedürfnisse, hat also keine politische Beziehung, diese hat erst der *citoyen*". Die deutsche Sprache kennt kein Äquivalent für das französische Wort „citoyen", sondern subsummiert die Bandbreite bürgerlicher Lebensformen unter dem Begriff „Bürgertum", das sie mit einer Vielzahl von Attributen und Umschreibungen zu differenzieren versucht. Jenseits politischer, sozialer und wirtschaftlicher Merkmale erfährt das Bürgertum seine Definition auch durch die Kultur. Doch auch hier ergeben sich definitorische Unschärfen, da der Kulturbegriff des Bürgertums zwischen Kitsch, Beengtheit und Vorurteil einerseits und Hochkultur, Bildung und Vernunft andererseits schwankt.

Folgt man hingegen der französischen Unterscheidung von *bourgeois* und *citoyen,* werden die Konturen deutlicher. Jenseits der sozialen und ökonomischen Merkmale tritt uns der *citoyen* als „politischer Bürger" entgegen, der sich dem Engagement für die „res publica" nicht verweigert, sondern dieses auch wesentlich als seine Sache begreift, entgegen. Verharrt der *bourgeois* im individualistischen Ghetto seiner ökonomischen oder privaten Interessen, repräsentiert der *citoyen* jenes offensichtlich immer rarer werdende Individuum, das jenseits der Verfolgung seiner persönlichen Interessen „Bürgersinn" entwickelt und damit die dünne Decke der in jüngster Zeit so viel beschworenen „Bürgergesellschaft" bildet. Sie ist von anderer Qualität als die vom Feuilleton hoch gelobte „Zivilgesellschaft", deren Erscheinungsbild zunehmend das Spiel von Einzelinteressen offenbart und trotz der von ihr massenhaft produzierten Betroffenheitsrhetorik das Spiegelbild einer hedonistischen, egoistischen und individualisierten Gesellschaft der *bourgeois* ist.

Jenseits der Politik bildet die Kultur den zweiten definitorischen Schwerpunkt des *citoyens*. Hier erweist er sich, aufgeladen durch das Erbe der Aufklärung, als Erbe des Adels. Bildung, Wissenschaft, Pädagogik und Kunst bilden die Säulen jener Ebene, auf der sich trefflich wandeln lässt. Es ist allerdings eine Ebene jenseits der „Seitenblicke-Gesellschaft", des in Hochglanzmagazinen und *talk shows* sich produzierenden *jetsets* und des Jargons der Beliebigkeit.

Diese Ebene ist nicht populär, sondern Rückzugsgebiet dessen, was Kultur im Zeitalter einer globalen Coca-Kolonisation und McDonaldisierung, eines globalen Dorfes des sprichwörtlichen kulturellen *fast-* und *finger-foods,* Gott sei Dank, auch noch immer ist.

Doch diese kulturellen Treibanker in einer See der Beliebigkeit und Austauschbarkeit, der Silikon-Ästhetik, des intellektuellen und kulturellen *down gradings,* sind selten. Man muss sie pflegen und hüten wie ein Biotop, da sie sich der gewünschten Reproduzierbarkeit entziehen. Sie sind Solitäre.

1802 bemerkte Johann Gottfried Seume in seinem „Spaziergang nach Syrakus", das Wort „bürgerlich" sei bei den Griechen „etwas Göttliches" gewesen und auch die Römer hätten „viel davon gehalten". Herbert Batliner verkörpert diesen immer rarer werdenden Typus des „Bürgers", den die Franzosen als „citoyen" bezeichnen. Er hat Salzburg zu seiner zweiten Heimat gewählt. Das Land ist mit ihm reicher geworden.

Wilfried Haslauer
Robert Kriechbaumer
Hubert Weinberger

Begrüßungsworte Senator
Prof. DDr. Herbert Batliner
Eröffnung des Herbert-Batliner-
Europainstitutes 1997

Europa ist der Geburtsort der politischen Utopie. Sie hat die Geschichte dieses Kontinents geprägt, ihre Spuren und Narben hinterlassen, die ein Teil unserer Geschichte sind. Die europäische Identität basiert auf den drei geistig-kulturellen Strömungen der griechisch-römischen Tradition, dem Christentum und dem Judentum und erfuhr in Teilbereichen ihre Prägung auch von der arabischen Kultur.

Diese Traditionslinie lässt assoziativ Bilder entstehen: die Akropolis, das Forum Romanum, die großen Kathedralen der Romanik und Gotik, die Opulenz des Barocks, die uns dessen Residenzen, wie etwa Versailles, vermitteln, das kulturelle Erbe des europäischen Judentums, das im Wien der Jahrhundertwende seine großartige Verdichtung erfuhr, die Alhambra in Granada oder die Mezquita in Cordoba. Zu diesen glanzvollen Bilderbogen gehört aber auch dessen Negativum, die Schlachtfelder der Kriege, der sinnlose Tod Hunderttausender bei Verdun, der Archipel Gulag, der Holocaust und dessen Eingang zur Hölle – Auschwitz.

Es war das Trauma der Katastrophe des Ersten Weltkrie-ges, das Max Reinhardt und Hugo von Hofmannsthal veranlasste, die Salzburger Festspiele als kulturellen Beitrag zu einer zukünftigen friedlichen Entwicklung Europas zu gründen. Hier in Salzburg, im Herzen Europas, der Geburtsstadt des Europäers Mozart, sollte ein weltoffenes geistig-kulturelles Zentrum entstehen. Kunst und Wissenschaft besitzen per se – jenseits ihrer ästhetischen und wissensrelevanten Aspekte – eine internationale Dimension, entziehen sich der verengenden nationalistischen und chauvinistischen Vereinnahmung. Sie sind die den nationalen Rahmen sprengenden Botschafter eines Gesamtkulturkreises. Diese Funktion vermögen sie allerdings nur zu erfüllen auf dem Boden der europäischen Aufklärung mit ihren Werten der Toleranz und Freiheit, auf denen der spezifische Wertekanon abendländisch-europäischer Kultur fußt.

Wir alle wissen, dass diese großartige Vision an den harten politischen Realitäten scheiterte. Die das Trauma des Ersten Weltkrieges übertreffende Katastrophe des Natio-

13

nalsozialismus und des Zweiten Weltkrieges legte Europa in Trümmer und teilte den Kontinent nicht nur politisch, sondern auch mental.

Doch gleichsam aus den Trümmern entstand eine neue Utopie mit dem Ziel, die Wiederholung einer solchen Katastrophe zu verhindern. Es waren Männer wie Maurice Schumann und Konrad Adenauer, die die große Geste der Versöhnung, die Aristide Briand und Gustav Stresemann in der Zwischenkriegszeit gesetzt hatten, wieder aufnahmen, um sie nunmehr in größerem Rahmen zu realisieren und zu vollenden. Ihren ersten Höhepunkt erreichten diese Bemühungen mit den Römischen Verträgen und der Gründung der EWG. Die EWG bescherte ihren Mitgliedern auf der Basis einer Wertegemeinschaft einen in der Geschichte einmaligen Wohlstand und entwickelte in der Folgezeit eine Dynamik und Attraktivität, die zu ihrer Erweiterung zum EWR und schließlich zur EU führte. Es entstand nicht nur ein prosperierender Wirtschaftsraum, sondern auch eine Friedensgemeinschaft, die die konfliktreiche Geschichte ihrer Mitgliedsländer beendete.

Der Zerfall der Sowjetunion sowie das Ende der kommunistischen Herrschaft in Osteuropa bedeuten kurz vor der Jahrtausendwende eine säkulare Herausforderung der EU, deren Bewältigung die Zukunft dieses Kontinents im kommenden Jahrtausend prägen wird. Diese Herausforderung ist nicht nur eine ökonomische, sondern vor allem auch eine geistig-kulturelle. Bereits Maurice Schumann

wies auf den Umstand hin, dass die ökonomische Dimension der Europäischen Einigung, die bei der Gründung der EWG 1957 im Vordergrund stand, durch eine geistig-kulturelle ergänzt werden muss.

Die Suche nach den gemeinsamen geistigen und kulturellen Grundlagen Europas ist angesichts der epochalen Veränderungen und Herausforderungen durch den Wandel in Osteuropa von substantieller Bedeutung für das Gelingen der faszinierenden Utopie der europäischen Einigung. Wir alle sind aufgefordert, hier tätig zu werden, den Blick auf das gemeinsame kulturelle Erbe zu richten, um die Spurensuche nach der europäischen Identität, ohne die es keine europäische Einigung geben kann, erfolgreich zu beenden.

Wo könnte ein solches Unternehmen besser erfolgen als an einem Ort, der seine Bestimmung in seinem kulturellen Beitrag zu einem friedlichen Europa sieht, dessen Festspiel Hugo vom Hofmannsthal als „eminentes Friedenswerk" definierte? Dies war mein Beweggrund, die Gründung des Europainstitutes, das auf ausdrücklichen Wunsch des Herrn Landeshauptmanns meinen Namen trägt, in Salzburg in Angriff zu nehmen. Der wissenschaftliche Beirat des Instituts, dem hervorragende Vertreter europäischer Universitäten sowie Repräsentanten der europäischen Politik angehören, ist Garant dafür, dass mein Wunsch, einen Beitrag zur Erarbeitung und Publizität der kulturellen und geistigen Grundlagen Europas zu leisten, in Erfüllung geht.

Eröffnung des Herbert-Batliner-Europainstitutes 1997

21. Juli 1997, 11 Uhr: Eröffnung des Herbert-Batliner-Europainstitutes in Salzburg, Griesgasse 17

V.l.n.r.: Bundespräsident Dr. Thomas Klestil,
Senator Prof. DDr. Herbert Batliner mit Gattin Rita,
Generalintendant a. D. Gerd Bacher.

Die Ankunft des Bundespräsidenten.

Senator Prof. DDr. Herbert Batliner begrüßt in den Räumen des Instituts
das prominente und zahlreich erschienene Publikum.

V.l.n.r.: Präsident a. D. Univ. Prof. Dr. Heinrich Neisser,
Landeshauptmann Univ. Doz. Dr. Franz Schausberger,
Bundespräsident Dr. Thomas Klestil,

Senator Prof. DDr. Herbert Batliner, Vizekanzler und Bundesminister
a. D. Dr. Erhard Busek.

*Fröhlicher Gedankenaustausch im Anschluss an die
Eröffnungsfeierlichkeiten.*

Senator Prof. DDr. Herbert Batliner im Gespräch mit dem Generalsekretär des Instituts, Mag. Dr. Hubert Weinberger.

Salzburg, Griesgasse 17. Die Räumlichkeiten des Herbert-Batliner-Instituts befinden sich im 1. Stock.

Die Besprechungsecke in der Bibliothek.

Blick in die Bibliothek.

Die Zeitschriftenablage.

Die wissenschaftliche Tätigkeit des Herbert-Batliner-Europainstitutes

Konstituierende Sitzung des Wissenschaftlichen Beirates am 19. Juli 1997. V.l.n.r.: Der Geschäftsführer des Wissenschaftlichen Beirates Univ. Prof. Mag. Dr. Robert Kriechbaumer, Vizekanzler und Außenminister a. D. Dr. Alois Mock, der Präsident des Instituts Senator Prof. DDr. Herbert Batliner, der Vorsitzende des Wissenschaftlichen Beirates Vizekanzler und Bundesminister a. D. Dr. Erhard Busek, der Generalsekretär des Instituts Mag. Dr. Hubert Weinberger.

V.l.n.r.: Univ. Prof. DDDr. Waldemar Hummer, Univ. Prof. Dr. Manfred Prisching, Univ. Prof. Dr. Hermann Lübbe, Vizebürgermeister DDr. Karl Gollegger, Univ. Prof. Dr. Fritz Fellner, Univ. Prof. Gerald Stourzh, Univ. Prof. Dr. Arnold Suppan, Univ. Prof. Dr. Friedrich Koja, Mag. Dr. Hubert Weinberger, Vizekanzler und Bundesminister a. D. Dr. Erhard Busek, Senator Prof. DDr. Herbert Batliner, Vizekanzler und Außenminister a. D. Dr. Alois Mock, Univ. Prof. Mag. Dr. Robert Kriechbaumer, Univ. Prof. Dr. Wolfram Karl (verdeckt).

Beginn der Europa-Ringvorlesung des Herbert-Batliner-Europainstitutes am 27. 3. 1998 im großen Hörsaal des Institutsgebäudes der Gesellschafts- *wissenschaften der Universität Salzburg. Univ. Prof. Dr. Wolfram Karl bei der Eröffnung der Vorlesungsreihe.*

27. 3. 1998: Univ. Prof. Mag. Dr. Michael Gehler eröffnet die Ringvorlesung mit dem Referat „Österreichs Weg nach Brüssel bis zum Stellen der Beitrittsgesuche."

27. 3. 1998: Univ. Prof. DDDr. Waldemar Hummer spricht zum Thema:
„Österreich in der europäischen Integration seit seinen Beitrittsgesuchen zu
den drei Europäischen Gemeinschaften vom Juli 1989."

5. 6. 1998: Univ. Prof. Dr. Wolfram Karl begrüßt in den Räumen des Herbert-Batliner-Europainstitutes Univ. Prof. Dr. Helmut Kramer und Univ.-Prof. Dr. Karl Socher zur 3. Europa-Ringvorlesung, die dem Thema „Euro" gewidmet ist.

Am 16. 10. 1998 referierten und diskutierten in den Räumen des Instituts unter der Leitung von Univ. Prof. Dr. Friedrich Koja (Mitte)

Univ. Prof. Dr. Michael Stürmer (l.) und Botschafter Dr. Thomas Mayr-Harting (r.).

Das zahlreich erschienene studentische Publikum.

20. Juli 2000: Botschafter a. D. Dr. Manfred Scheich präsentiert in den Räumen der Internationalen Salzburg Association, Palais Kuenburg-Lan- *genhof, Sigmund-Haffner-Gasse 16, die unter dem Titel „Österreich und Europa" in Buchform vorliegenden Referate der Europa-Ringvorlesung.*

Der Vorsitzende des Wissenschaftlichen Beirates Vizekanzler und Bundes-
minister a. D. Dr. Erhard Busek eröffnet am 23. Juli 1999 die in den

Räumen des Herbert-Batliner-Europainstitutes stattfindende Tagung der
europäischen Südosteuropa-Institute.

Die bisherigen Publikationen des Herbert-Batliner-Europainstitutes.

Begrüßungsworte anlässlich des Festaktes zur Verleihung des Kleinstaatenpreises 2002 – Fürstl. Kommerzienrat Senator Prof. DDr. Herbert Batliner

„Wir werden alle davon gewinnen, wenn wir im Stande sind, eine Welt aufzubauen, in der die Kleinen Staaten atmen können."

Nein, nicht Leopold Kohr, der viel zitierte Salzburger „Prophet des Kleinen" hat uns diesen prophetischen Satz hinterlassen, sondern ein anderer großer Sohn Österreichs: der vor 10 Jahren verstorbene Nationalökonom und Nobelpreisträger Friedrich von Hayek, den ich noch persönlich gut kannte.

Auch das Wort des großen Liechtensteiners Peter Kaiser, das er als Pädagoge, als Politiker und Schüler Pestalozzis und Vertreter Liechtensteins 1848 in der Paulskirche in Frankfurt gesagt hat, besitzt nach wie vor Aktualität. Ich zitiere: „Wir müssen trachten, unser Glück selber zu verdanken; DER geht immer am sichersten, der sich auf seine Kraft verlässt. Auch ein kleines Völkchen, wenn es treu zusammenhält, vermag viel und macht sich wohlgefällig vor Gott und den Menschen."

„Europa-Institut" und „Kleinstaatenpreis": Der Frage, wie beides zusammenpasst, jetzt, da dieser Kontinent mehr und mehr zum Gemeinsamen, zum Großen drängt – dieser Frage sollten und dürfen wir nicht ausweichen, und da dieses Europa-Institut meinen Namen trägt, darf ich auch meine persönlichen Gedanken hiezu darlegen:

Ich meine: Vieles spricht dafür, dass sich der unaufhaltsame Ausbau großer regionaler und globaler Netze und der Trend zur Kleinstaatlichkeit in einer unauflösbaren Weise gegenseitig bedingen. Dass wir das eine ohne das andere gar nicht haben können, wenn wir im Sturm der technischen und ökonomischen Entwicklung das menschliche Maß bewahren wollen.

Ich sage das mit großer persönlicher Leidenschaft
- als dankbarer Bürger Liechtensteins und Österreichs
- als Bewunderer Salzburgs
- und als leidenschaftlicher Europäer.

Und ich sage es in einem geschichtlichen Augenblick, da die kommende Ost-Erweiterung der Europäischen Union auch die Rolle der kleineren und mittleren Staaten noch stärker ins Blickfeld rückt. Denn von den 13 Beitrittskandidaten zählt ja der größte Teil zu den kleinen und mittleren Staaten.

Kleinstaaten sind also KEINE AUSLAUFMODELLE – trotz oder gerade wegen der immer stärker werdenden globalen Abhängigkeiten und Homogenisierungen. Im Gegenteil: Sie sind die natürliche Antwort – und der Gegenpol – zu aller Konzentration von Macht. Das ist DIE große Erfahrung der Geschichte – und DIE GROSSE, ja vermutlich schicksalhafte Aufgabe unserer Zeit. Auch für uns Europäer. Nach wie vor gehe ich davon aus, dass uns diese Arbeit gelingen wird. Die Zahl der Kleinstaaten in der Welt hat in der jüngsten Vergangenheit beträchtlich zugenommen – auch in Europa, wo zuletzt eine Reihe kleiner Staaten aus dem Schatten zerstörter Großreiche getreten ist.

Vergessen wir nicht:
• Weit mehr als die Hälfte aller Länder der Erde bleiben unter der Einwohnerzahl Österreichs – und 80 Staaten umschließen ein Territorium, das kleiner ist als die Republik Österreich.
• Nie zuvor in der Geschichte hat es ein Zeitalter gegeben, in dem große und kleine Länder so problemfrei miteinander und nebeneinander existiert haben.
• Und mehr und mehr Menschen spüren instinktiv, dass territoriale Größe in der post-industrialisierten Gesellschaft weit mehr eine Belastung ist als ein Machtfaktor.

DAS GILT FÜR DIE WIRTSCHAFT, die längst die Bürde der „Saurier" und den Reiz der Konzentration und hoch spezialisierter Nischen erkannt hat. Es muss einen Grund haben, dass sich unter den zehn reichsten Staaten der Erde sieben Kleinstaaten befinden.

ES GILT FÜR DIE LEBENSQUALITÄT IM WEITEREN SINN – dass Kleinstaatlichkeit kein Hindernis für eigenständige kulturelle Höchstleistungen ist, muss ja gerade auf dem Boden Salzburgs nicht begründet werden.

UND ES GILT SOGAR FÜR DIE NATIONALE SICHERHEIT. Weitreichende Waffen haben ja den Wert großer Territorien und Pufferzonen schon längst ad absurdum geführt.

Meine Damen und Herren,

was uns Wissenschaft und Politik heute einmal mehr überzeugend darlegen werden, ist für mich vor allem eine Erfahrung des eigenen Lebens. Deshalb hoffe ich so sehr auf eine Zukunft, in der immer leistungsfähigere regionale und internationale Vernetzungen vor allem dazu dienen, das Kleine und Menschengemäße vor den Verlockungen der Größe und dem Rückfall in die Hegemonien von gestern zu schützen.

Mehr noch: Ich hoffe auf eine Zukunft, in der alle Staaten – ob klein oder groß – die Vielfalt ihrer Lebensräume als einen Schatz neu entdecken und kultivieren. Der Träger des „Kleinstaatenpreises 2002" ist dafür ein besonders eindruckvolles Symbol.

Ich darf auch ankündigen, dass das Herbert-Batliner-Institut demnächst ein Symposium über Fragen der Möglichkeiten, die den Kleinstaaten rechtlich, wirtschaftlich und politisch gegeben sind, veranstalten wird.

Die Mauern der Salzburger Residenz, in der wir uns heute zusammengefunden haben, erzählen genau diese Geschichte einer glücklichen Harmonie zwischen Größe und Kleinheit, zwischen Weite und Überschaubarkeit.

Noch einmal: Herzlich willkommen!

Der Herbert-Batliner-Europapreis
für Verdienste um den Kleinstaat

23. Juli 2000: erstmalige Verleihung des Herbert-Batliner-Europapreises für
Verdienste um den Kleinstaat an den Staatspräsidenten der Republik
Estland Dr. Lennart Meri in den Räumen der Salzburger Residenz. V.l.n.r.:

Staatspräsident Dr. Lennart Meri und Gattin, Fürst Adam II. von und zu
Liechtenstein, Senator Prof. DDr. Herbert Batliner und Gattin Rita.

Fürst Adam II. von Liechtenstein und Senator Prof. DDr. Herbert Batliner.
In der Mitte hinten Präsident RA Dr. Wilfried Haslauer.

Senator Prof. DDr. Herbert Batliner und Vizekanzler und Bundesminister
a. D. Dr. Erhard Busek überreichen den Preis an Staatspräsident
Dr. Lennart Meri.

Im Namen des Wissenschaftlichen Beirates gratuliert dessen Vorsitzender Vizekanzler und Bundesminister a. D. Dr. Erhard Busek dem Geehrten.

Staatspräsident Dr. Lennart Meri bei seiner Dankesrede vor dem zahlreich erschienenen Publikum, in dem sich eine Vielzahl prominenter Persönlichkeiten befand.

46

*Der viel zu früh verstorbene Erste Präsident des Salzburger Landtages
Univ.-Prof. Dr. Helmut Schreiner (r.) im Gespräch mit Vizekanzler und
Außenminister a. D. Dr. Alois Mock und dessen Gattin Mag. Edith Mock.*

V.l.n.r.: Fürst Adam II. von Liechtenstein, Staatspräsident Dr. Lennart Meri, Bundespräsident Dr. Thomas Klestil, Landeshauptmann Univ. Doz. Dr. Franz Schausberger, Senator Prof. DDr. Herbert Batliner.

26. Juli 2002: Der Herbert-Batliner-Europapreis für Verdienste um den Kleinstaat wird an den Regierungspräsidenten der Autonomen Region Katalonien Jordi Pujol verliehen. V.l.n.r.: Bundespräsident a. D. Dr. Kurt Waldheim, Präsident Jordi Pujol mit Gattin, Senator Prof. DDr. Herbert Batliner mit Gattin Rita, Regierungschef Otmar Hasler und Gattin, EU-Kommissionspräsident und Ministerpräsident a. D. Dr. Jacques Santer, Landeshauptmann Dr. Herwig van Staa.

49

Senator Prof. DDr. Herbert Batliner begrüßt die Festversammlung.

Präsident Jordi Pujol bei der Entgegennahme des Preises. V.l.n.r.: Vizekanzler und Bundesminister a. D. Dr. Erhard Busek, Präsident Jordi Pujol, Regierungschef Otmar Hasler und Gattin, Rita Batliner, Außenministerin Dr. Benita Ferrero-Waldner, I. E. Marta Ferrusola, Senator Prof. DDr. Herbert Batliner.

*Außenministerin Dr. Benita Ferrero-Waldner bei ihrem Festvortrag zum
Thema: „Die Zukunft der Europäischen Union und die Regionen."*

Regierungspräsident Jordi Pujol i Soley bei seinen Dankesworten.

Begrüßungsworte von Senator
Prof. DDr. Herbert Batliner
anlässlich der Festakademie 2003

Das erste Wort, das zu sagen ist, ist der herzliche Gruß, der ihnen allen gilt, die Sie das öffentliche Leben der Republik und des Landes repräsentieren, allen voran unser Staatsoberhaupt sowie Vertreter der Legislative und Exekutive (…)

Die Anwesenheit des so prominenten Repräsentanten der Republik Türkei in der Person seiner Exzellenz Ministerpräsident a. D. Mesut Yilmaz mit Gattin, der uns in seinem heutigen Festvortrag „Die Türkei in der Europäischen Union: Belastung oder Chance?" die Türkei aus nationaler und internationaler Sicht näher bekannt macht, ist Anlass genug, diese Festakademie abzuhalten.

Meine Damen und Herren, lassen Sie mich aufgrund dieses prominenten Festredners auf die langjährigen österreichisch-türkischen Beziehungen überleiten:

Ministerpräsident a. D. Mesut Yilmaz hat seine eigene Schulzeit im österreichischen St.- Georgs-Kolleg in Istanbul verbracht und durch das Studium seiner Kinder in Salzburg ist er auf diesem Boden sehr eng vernetzt. Seine Anwesenheit veranlasst natürlich dazu, ein wenig an das unglaubliche Beziehungsnetz, im Guten wie im Bösen, zwischen beiden Ländern zu erinnern:

Angefangen bei der schönen poesie- und musikliebenden Prinzessin Theodora, die als attraktivstes „Geschenk" der Herrscher in Konstantinopel mit dem Kreuzzug nach Wien kam und hier zur Babenberger-Herzogin avancierte – über mehr als ein Jahrtausend hinweg bis zu den österreichischen Grabungen in Ephesus. Es ist eine seltsam widersprüchliche Geschichte.

Denn aus den traumatischen Erlebnissen der unmittelbaren Nähe und Bedrohung – allen voran die beiden Türkenbelagerungen Wiens – entstand zunächst das Gefühl einer historischen Rivalität. Die „Pummerin" etwa, aus Türkenkugeln gegossen, sollte mit jedem Schlag den Triumph des christlichen Abendlandes über den islamischen Orient verkünden.

Bald aber wuchs AUCH das Bedürfnis nach Kenntnis und Verständigung. *„Nie wieder dürfe es"*, so meinte Kaiserin Maria Theresia bei der Gründung der „Orientalischen Akademie", die heute die Wiener Diplomatische Akademie ist, *„in Österreich an Männern fehlen, die mit Türken, Persern und Arabern sprechen, die Gesetze des Friedens festlegen und Handelsverträge abschließen können."*

Und so entstand diese aufregende Gleichzeitigkeit von Distanz und Nähe, von Feindbild und Faszination:

- Schon bald wird Wien das Zentrum der Arabistik, Turkologie und Iranistik.
- Mehr und mehr Österreicher schwärmen aus, um das Morgenland zu erkunden – und mehr und mehr Orientalen kommen zur Ausbildung nach Wien.
- Grillparzer fährt nach Konstantinopel, Troja und Smyrna,
- Mozart bezaubert uns mit seinem „Türkischen Marsch" – und entführt uns in seinem mit Abstand erfolgreichsten Singspiel ins Serail – es ist sein künstlerischer Befreiungsschlag vom Salzburger Erzbischof und seinem übermächtigen Vater Leopold. In seinem Selim Bassa spiegelt sich etwas von dieser Gleichzeitigkeit von Bedrohung und Edelmut, die unser Bild der Türkei immer wieder geprägt hat.
- Mit dem türkischen Kaffee hat schon zuvor der Halbmond in Form des Kipferls die Wiener Haushalte erobert.
- Arabische und türkische Druckereien in Wien vervielfältigen den Koran.

- Die größte Fezfabrik der Welt entsteht ausgerechnet in Niederösterreich – und der Maria-Theresien-Taler tritt seinen Siegeszug als Währung, Schmuck und Wertanlage bis in die entferntesten Regionen Südarabiens an.

Meine Damen und Herren, Sie werden jetzt vielleicht sagen: „Das alles war Wien, war der Osten dieses Landes. Aber Salzburg, das war damals doch ganz anders. Das lebte doch aus einer anderen Gefühlslage." Das stimmt – und stimmt doch nicht.

Erinnern wir uns nur:

- Schon im Jahre 803 – vor genau 1200 Jahren – traf Kaiser Karl der Große, im Untersberg, hier in Salzburg, der damals am weitest östlich gelegenen Kulturmetropole des Reiches, erstmals mit Gesandten aus Byzanz zusammen.
- Hier in Salzburg lässt der Fürst-Erzbischof bei seinen Untertanen Jahrhunderte später immer wieder den so genannten „Türkenpfennig" eintreiben, um als Reichsfürst seine Kontinente für das Aufgebot gegen die Osmanen zu finanzieren.
- Hier in Salzburg bangen die Äbte von St. Peter um ihre

Güter und Weinberge in Wien und Niederösterreich, als Kara Mustafa mit seinen Truppen unterwegs ist.
• Und hier eröffnet 1703, 20 Jahre nach der Türkenbelagerung Wiens, in der Getreidegasse 24 das erste türkische Kaffeehaus. Ein Herr Jean Fonteyn hat die erste Lizenz bekommen.

Meine Damen und Herren,
der Bogen gemeinsamer Geschichte ließe sich noch nahezu endlos bis in die Gegenwart herauf verdichten: Vom „Österreichischen Lloyd", der Passagiere von der Adria an die Ost- und Südküsten des Mittelmeeres bringt – und dessen Pünktlichkeit, Betriebssicherheit und die Qualität der Küche legendär waren – über die österreichische „Levante-Post" bis zu den Männern wie Clemens Holzmeister, der mit seiner Architektur eine bleibende Brücke vom Salzburger Festspielbezirk bis zu den großen Staatsbauten in der türkischen Hauptstadt Ankara gespannt hat.

Ja, bis zu den wunderbaren Tulpen, *tulipa turkarum*, auf den Biedermeierbildern, die wir erst im Vorjahr in einer wunderbaren Ausstellung hier in der Residenzgalerie gesehen haben.

Distanz und Nähe, Ferne und Vertrautheit. Mit diesem spannungsreichen Widerspruch ist das Beziehungsnetz zwischen Österreich, der EU und der Türkei auch heute noch am besten beschrieben.

Von der Geschichte und Geopolitik sind beide mehr denn je zum Miteinander verpflichtet. Es ist eine der schwierigsten und doch spannendsten Aufgaben, denen sich die Politik hier wie dort stellen muss …

Herr Bundespräsident, liebe Frau Dr. Klestil-Löffler, hochgeschätzter Herr Ministerpräsident Yilmaz, sehr geehrter Herr Festredner Prof. Dr. Plesu und Ihnen allen sei nochmals ein herzliches Willkommen gesagt. Ich freue mich mit Ihnen auf die musikalischen Vorträge und auf die Ausführungen der Referenten des heutigen Tages.

Festakademien

25. Juli 1998: Festakademie in der Salzburger Residenz zum Thema: „Polen und die europäische Integration."

Landeshauptmann Univ. Doz. Dr. Franz Schausberger begrüßt Senator Prof. DDr. Herbert Batliner.

Freunde der ersten Stunde: die Familie Haslauer. These Haslauer (links außen), RA Dr. Wilfried Haslauer und Gattin Susanna (rechts).

*Der Vorsitzende des Wissenschaftlichen Beirates Vizekanzler und Bundes-
minister a. D. Dr. Erhard Busek während seines Berichts über die Tätigkeit
des Instituts.*

59

*V.l.n.r.: EU-Kommissar DI Dr. Franz Fischler, Bundespräsident
Dr. Thomas Klestil, Senator Prof. DDr. Herbert Batliner, Landeshauptmann Univ. Doz. Dr. Franz Schausberger.*

*Die polnische Ministerpräsidentin und Ministerin a. D. Univ. Prof.
Dr. Hanna Suchocka bei ihrem Festvortrag zum Thema: „Polen und die
europäische Integration: Herausforderung und Chancen.“*

21. Juli 2001: Festakademie in der Salzburger Residenz zum Thema „Die Zukunft Europas".

Die beiden Festredner EU-Kommissionspräsident und Ministerpräsident a. D. Dr. Jacques Santer und EU-Kommissar DI Dr. Franz Fischler.

V.l.n.r.: Vizekanzler und Bundesminister a. D. Dr. Erhard Busek, EU-Kommissar DI Dr. Franz Fischler, Ministerpräsidentin und Ministerin a. D. Univ. Prof. Dr. Hanna Suchocka, Senator Prof. DDr. Herbert Batliner, Landeshauptmann Univ. Doz. Dr. Franz Schausberger, Botschafter a. D. Dr. Manfred Scheich, Vizekanzler und Außenminister a. D. Dr. Alois Mock.

Landeshauptmann a. D. Dr. Hans Katschthaler begrüßt Senator Prof.
DDr. Herbert Batliner.

*EU-Kommissar DI Dr. Franz Fischler während seiner viel beachteten Rede
zum Thema „Von Nizza nach Laeken."*

65

Minister a. D. Univ. Prof. Dr. Hans Klecacky (l.) und Landeshauptmann
a. D. Dr. Martin Purtscher.

Bundespräsident a. D. Dr. Kurt Waldheim begrüßt den Rektor der Paris Lodron Universität Salzburg Univ. Prof. Dr. Adolf Haslinger.

Senator Prof. DDr. Herbert Batliner im Gespräch mit EU-Abgeordneten
Mag. Othmar Karas, Bundesministerin Elisabeth Gehrer und Gatten.

*V.l.n.r.: EU-Abgeordneter Mag. Othmar Karas, ORF-Generalintendant
a. D. Gerd Bacher, Vizebürgermeister DDr. Karl Gollegger.*

69

25. Juli 2003: Festakademie in der Salzburger Residenz zum Thema „Die Türkei und Europa." Senator Prof. DDr. Herbert Batliner während seiner Begrüßungsansprache.

Der ehemalige Ministerpräsident der Türkei S. E. Mesut Yilmaz bei
seinem Festvortrag zum Thema: „Die Türkei in der Europäischen Union:
Belastung oder Chance.“

V.l.n.r.: Vizekanzler und Bundesminister a. D. Dr. Erhard Busek,
Ministerpräsident a. D. Mesut Yilmaz, Rita und Senator Prof. DDr.
Herbert Batliner, Landeshauptmann Univ. Doz. Dr. Franz Schausberger.

72

Senator Prof. DDr. Herbert Batliner im Gespräch mit Außenministerin
Dr. Benita Ferrero-Waldner. Im Hintergrund Bundespräsident a. D.
Dr. Kurt Waldheim.

Der Protektor der Dr.-Wilfried-Haslauer-Bibliothek

27. Juli 1993: Eröffnung der Dr.-Wilfried-Haslauer-Bibliothek. V.l.n.r.: Senator Prof. DDr. Herbert Batliner, Außenminister Dr. Alois Mock, Landeshauptmann Dr. Hans Katschthaler, Thesi Haslauer, Bundeskanzler Dr. Helmut Kohl, Dr. Franz Schausberger, Mag. Dr. Hubert Weinberger, Bundespräsident Dr. Thomas Klestil.

27. Juli 2003: Festakt zum zehnjährigen Bestehen der Dr.-Wilfried-Haslauer-Bibliothek in den Räumen der Salzburger Residenz. Senator Prof.

DDr. Herbert Batliner und Frau Rita im Gespräch mit Landeshauptmann a. D. Dr. Hans Katschthaler.

Das Ehepaar Batliner im Gespräch mit dem Festredner Bundeskanzler a. D. Dr. Helmut Kohl.

Vizepräsident der
Internationalen Salzburg
Association (ISA)

22. Juli 1999: Das Ehepaar Batliner beim Empfang der ISA im Schloss Leopoldskron.

22. Juli 2001: Galadiner der ISA im Schloss Leopoldskron. Das Ehepaar Batliner im Gespräch mit Landeshauptmann a. D. Dr. Hans Katschthaler.

26. Juli 2002: Empfang der ISA im Schloss Leopoldskron. Die Ehepaare
Schausberger und Batliner.

Das Ehepaar Batliner im Gespräch mit dem Ehepaar Hasler.

30. Jänner 1985: Für sein im Land gezeigtes Mäzenatentum überreicht Landeshauptmann Dr. Wilfried Haslauer Senator Prof. DDr. Herbert Batliner das Goldene Ehrenzeichen des Landes Salzburg.

Senator Prof. DDr. Herbert Batliner bei seinen Dankesworten.

86

Der Chefredakteur der „Salzburger Nachrichten", Prof. Dr. Karl Heinz Ritschel, gratuliert dem Ausgezeichneten.

Senator Prof. DDr. Herbert Batliner im Gespräch mit Landeshautpmann
Dr. Wilfried Haslauer und Landesrat DI Friedrich Mayr Melnhof.

21. Jänner 1994: Überreichung des Ehrenbechers des Landes Salzburg durch
Landeshauptmann Dr. Hans Katschthaler an Senator Prof. DDr. Herbert
Batliner in den Amtsräumen des Landeshauptmanns.

89

*18. Dezember 1998: Verleihung des Ehrenringes des Landes Salzburg durch
Landeshauptmann Univ. Doz. Dr. Franz Schausberger in den Räumen der
Salzburger Residenz.*

Das Ehepaar Batliner und Landeshauptmann Univ. Doz. Dr. Franz Schausberger.

Prominente Gratulanten: Eliette von Karajan und …

... Dkfm. Elisabeth Gürtler

94

27. Jänner 1999: Festakt in den Räumen des Herbert-Batliner-Europa-institutes in Salzburg anlässlich der Enthüllung einer Büste für Senator Prof. DDr. Herbert Batliner. Rita Batliner im Gespräch mit

Vizebürgermeister DDr. Karl Gollegger. Im Hintergrund (Mitte) der Präsident der Internationalen Stiftung Mozarteum RA Dr. Friedrich Gehmacher.

V.l.n.r.: Bürgermeister Dr. Josef Dechant, Rektor Univ. Prof. Dr. Adolf Haslinger, Thesi Haslauer, Brigitta Fuchs und der viel zu früh verstorbene Mag. Detlef Klement.

Landeshauptmann Univ. Doz. Dr. Franz Schausberger begrüßt die
Festversammlung.

Senator Prof. DDr. Herbert Batliner und Landeshauptmann Univ. Doz. Dr. Franz Schausberger nehmen in Anwesenheit ihrer Gattinnen die

Enthüllung einer Büste vor, die der Salzburger Künstler Walter Maierhofer anlässlich des 70. Geburtstages von Herbert Batliner anfertigte.

97

Die Büste befindet sich im Verbindungsfoyer zwischen der Dr.-Wilfried-Haslauer-Bibliothek und dem Herbert-Batliner-Europainstitut. V.l.n.r.:

Walter Meierhofer, Landeshauptmann Univ. Doz. Dr. Franz Schausberger, Senator Prof. DDr. Herbert Batliner.

Der Geehrte prüft kritisch, ob ihm die Büste auch tatsächlich ähnlich sieht.

99

Sie sieht ihm ähnlich.

Mäzen und Kunstfreund

21. März 2001: Das Land Salzburg erwirbt dank der großzügigen finanziellen Unterstützung von Senator Prof. DDr. Herbert Batliner das Bild eines Salzburger Meisters um 1430. Es zeigt die Hl. Dorothea und Caecilia.

101

22. Juli 2001: Festspieleröffnung in der Salzburger Residenz. Senator Prof.
DDr. Herbert Batliner im Gespräch mit Vizekonsul KR Georg Pappas.

29. Oktober 2003: Senator Prof. DDr. Herbert Batliner ermöglicht die Durchführung der Ringvorlesung „Eine Verfassung für die EU: Perspektiven für eine Konsolidierung nach innen." Univ.-Prof. Dr. Stefan Griller hält den Eröffnungsvortrag zm Thema „Der Verfassungsentwurf des Europäischen Konvents – Ein großer Wurf?"

Das Auditorium